Círculo Rojo

SAPATO

SAPATO

UNA HISTORIA DE TORRIJAS Y ALGO MÁS

J.B. Márquez

Círculo Rojo
EDITORIAL

Primera edición: diciembre 2023

Depósito legal: AL 3164-2023

ISBN: 978-84-1199-910-6
Impresión y encuadernación: Editorial Círculo Rojo

© Del texto: J.B. Márquez
© Maquetación y diseño: Equipo de Editorial Círculo Rojo
© Ilustración de portada: Ana Tejedor Círculo Rojo

Editorial Círculo Rojo
www.editorialcirculorojo.com
info@editorialcirculorojo.com

Impreso en España - Printed in Spain

El papel utilizado para imprimir este libro es 100% libre de cloro y, por tanto, **ecológico**.

A mi hija María

«Los recuerdos son una forma de aferrarte a las cosas que amas, las cosas que eres, las cosas que no quieres perder».

Quizás de lejos, a simple vista no se vea, pero está justo ahí, entre montañas grandes como gigantes, repletas de pinos y encinas, cerca de un río y un pantano, donde las aguas heladas tienen peces que parecen cubitos de hielo con escamas.

Si miras bien, justo ahí, está situado mi pueblo. Es lo más parecido a una estación de tren abandonada, nunca pasa nada, y eso es lo que me gusta de vivir allí.

Sus calles son estrechas, de suelo empedrado y blancas fachadas, que en primavera se adornan con plantas y flores de todos los colores. Al estar situado en una ladera hay unas cuantas cuestas, no tienen mucha pendiente, pero cuando hay tormenta los riachuelos recorren todas las calles del pueblo y en los bordillos de las aceras las hojas secas de los pinos se amontonan, creando pequeñas presas naturales. Cuando termina de llover, la tierra, el pino y el romero mojado llenan con su fragancia todos los rincones del pueblo.

Pero mi pueblo no solo impregna su aroma en el alma de las gentes, también sus sabores. Nuestros montes esconden manjares dignos de los mismísimos dioses, níscalos, espárragos, moras, piñones y mis preferidas, bellotas, sufro auténtica debilidad por ellas, cerca de casa hay una encina que por lo menos tendrá mil años, es enorme y su tronco es robusto y firme, en mi opinión da las mejores bellotas del mundo, entre noviembre y marzo no hay día que no me coma un buen puñado y los días de más frío las asamos como si fueran castañas; son tan bellas las bellotas.

Un pueblo pequeño donde éramos como una gran familia, nos conocíamos todos y siempre nos ayudábamos, la mayoría se dedicaba a trabajar el campo o con los animales.

Los temas de conversación trataban del tiempo que hacía, de qué tal se estaba dando la cosecha, de si las vacas daban más o menos leche y de cuántos habían dejado el pueblo ese año para irse a vivir a la ciudad, y es que hay gente que necesita cosas que solo encuentran en la ciudad.

Una vez al año montábamos una gran fiesta en la plaza del pueblo, la gente donaba su mejor producto a la Iglesia y esta hacía una gran subasta, se pujaba por un cesto con los mejores tomates, el pastel más delicioso, el racimo de uvas más grande.

Un año mi padre consiguió ganar la puja de un enorme plato de jamón ibérico; ¡cómo lo disfrutamos!, sobre todo mi madre, que dijo literalmente que se le ponían los pelos de gallina, y es que a mi madre le gustaba mucho utilizar refranes y dichos para todo, aunque siempre los decía mal.

Ella era el pilar de la casa, la fuerza de la naturaleza que tiraba de la familia, siempre estaba ahí para escuchar y ayudar a quien lo necesitaba, y aunque no tenía muy claro cómo eran los refranes, realmente pensaba que eran así, y eso me enamoraba de ella.

Mi padre era fuerte y tozudo, trabajaba con los animales, en casa teníamos cerdos, vacas, gallinas y a nuestro burro Federico, que era uno más de la familia; cuando nací él ya estaba con nosotros. Mi padre me paseaba por las calles del pueblo subida a lomos de Federico, era un poco mayor y llevaba su ritmo, sin prisa, cuando iba muy lento mi padre le mordía las orejas para que fuera más rápido y de un respingo aceleraba el paso, a veces no sé quién de los dos era realmente el burro. Mi padre, entre sus muchas habilidades, tenía una única en el mundo para generar pelusillas gigantes dentro de su ombligo; él decía que en los días de mucho frío le abrigaban y lo mantenían calentito, yo no le decía nada porque creo que realmente él pensaba que era así y eso me gustaba de él.

Siempre cuidaban uno del otro, excepto cuando jugaban a las cartas, ahí no tenían piedad con el enemigo y las partidas de cinquillo podían acabar con mi padre durmiendo en el establo junto a Federico, que aprovechaba y tomaba venganza mordisqueando las orejas de mi padre, no dejándole pegar ojo en toda la noche.

Cuando nací, para mis padres yo era lo más dulce de sus vidas, así que me pusieron de nombre Melisa, que significa dulce, pero también me llamaban «Pato» porque mi estornudo se parece mucho al sonido de un pato, y cuando estornudaba se alborotaban las gallinas y cacareaban como locas, las vacas al oírlas se inquietaban y comenzaban a mugir sin parar, los cerdos, asustados, correteaban en círculos gruñendo estridentemente, y finalmente Federico empezaba a rebuznar como si no hubiera un mañana, vamos que cuando estaba resfriada era una fiesta. Así que al final, con el tiempo, entre Melisa y Pato, todos en el pueblo me llamaban «Sapato».

Tomás, mi mejor amigo, decía que las personas nunca podrán ser dulces, que solo caramelos y chucherías pueden serlo; no era muy avispado. Tenía el conocimiento justo para echar el día, creía que las pipas saladas se cultivaban en el mar, yo no le decía nada porque él creía que realmente era así, y eso me divertía de él. Era muy vergonzoso, se podía poner rojo como un tomate en cualquier situación sin venir a cuento, y, claro, hay veces que me asustaba pensando que le iba a estallar la cabeza como una olla a presión.

Crecimos juntos, nos conocíamos desde pequeños porque éramos los únicos niños del pueblo. Íbamos a una escuela rural que estaba en el pueblo de al lado, allí nos juntábamos con más niños de otros pueblos. Aprendimos a leer y a escribir, el nombre de los ríos y de las montañas, matemáticas, historia y en general cosas de cómo funcionaba el mundo. Nuestro maestro, don Leo, era el encargado de impartirnos todas las materias, tenía un bigote enorme acabado en punta que se acicalaba cada vez que acababa de explicar alguna lección, era tan afilado que un día iba a tener un disgusto y se lo iba a clavar en un ojo.

Siempre estaba pendiente de las necesidades de cada niño porque no todos éramos iguales. Con Tomás, que no pillaba ni una, tenía mucha paciencia y nunca cesaba en su empeño por hacer que entendiera las cosas. A mí, por ejemplo, siempre me estaba llamando la atención porque me despistaba fácilmente con una mosca, y no le faltaba razón, pero es que las moscas tenían alguna magia ancestral que me hipnotizaba y me hacía perder la noción del tiempo durante las clases. Hay días que me preguntaba para qué quería aprender tantas cosas si nunca me iría a la ciudad a seguir estudiando, cuidaría de Federico y del resto de animales como hacían mis padres. No necesitaba nada más, todo lo que quería, lo que me gustaba, las personas a las que quería, todo estaba en mi pueblo.

Tenía todo el verano para corretear por los montes con Tomás, bañarnos en el pantano, perdernos por los senderos de la montaña, escalar a los árboles para divisar el horizonte y comer higos y moras hasta no poder más. Un año cogimos tantas moras que mi madre hizo un pastel tan grande que todo el pueblo estuvo comiendo durante días. Pero todo cambió cuando las clases terminaron. A la salida de la escuela me esperaba el maestro don Leo, que con el dedo índice me indicó que me acercara a él.

—¡Buenos días, Sapato! ¿Preparada para pasar un verano inolvidable? —dijo don Leo estirándose la punta del bigote con los dedos.

—¡Claro! Me lo pienso pasar genial, pero... ¿Por qué inolvidable? ¿A qué se refiere? —pregunté.

—Tengo una cosa para ti, que espero que te guste —contestó con una sonrisa.

—¿No serán tareas para el siguiente curso?

—¡Algo parecido! Pero es mejor, más divertido.

—¿Mejor?, ¿pero qué es? —pregunté impacientemente.

—Aquí lo tienes, *La historia interminable*, de Michael Ende; espero que te guste, pues esta aventura será solo tuya.

—¿Un libro? —le respondí con una mueca de desgana total.

—Este es uno de mis libros preferidos, es toda una aventura, quiero que lo leas este verano y a la vuelta cuando empiece el siguiente curso me dices qué te ha parecido —dijo don Leo y me entregó el libro que cambiaría mi vida—. Disfrútalo y sobre todo lo más importante, cuídalo bien, pues los libros están llenos de vida.

—Gracias, don Leo —le dije con mi cara de zombi intentando sonreír para ser lo más amable posible y que no se diera cuenta de que lo que realmente quería era salir corriendo de allí y comenzar a disfrutar del verano. Lo guardé en la mochila sabiendo que probablemente solo lo sacaría para devolvérselo de nuevo.

Al llegar a casa lancé la mochila dentro de mi habitación, cogí la bici y me fui con Tomás, que ya me estaba esperando para ir al pantano, allí pasábamos prácticamente todas las mañanas de verano. Con piedras, una tabla y arena construimos una rampa en la orilla y atamos a las bicis botellas de plástico grandes que impedían que se hundieran, cogíamos carrerilla y literalmente volábamos por encima del agua una y otra vez a ver quién llegaba más lejos. Por supuesto, yo fui la primera en saltar al grito de «¡Gerónimo!». Era escuchar la palabra *peligro* y perdía el control, tenía que ser la primera en probar las cosas peligrosas sin pensar en las consecuencias.

A la hora de comer mi padre silbaba de tal forma que se escuchaba a kilómetros, incluso los pájaros salían de su escondite de la copa de los árboles del susto, era la forma que tenía de llamarme para que volviera a casa. Dejaba todo lo que estuviera haciendo en ese momento y corría para disfrutar de uno de los mejores momentos del día, la hora de comer. Mi madre era una excelente cocinera, preparaba un cocido que podía dar de sí casi una semana: croquetas de cocido, sopa de cocido, garbanzos fritos, ropa vieja, garbanzos con espinacas, crema de garbanzos; al terminar la semana los garbanzos salían por los poros de mi piel y las caras de la gente me parecían garbanzos con ojos.

Justo al acabar el postre, Tomás ya estaba en la puerta esperándome para ir al río. A la hora de la siesta es cuando las ranas comenzaban a croar, nos gustaba imitarlas, en algunos momentos Tomás creía que le entendían de verdad, según él llegó a tener conversaciones muy interesantes con alguna que otra rana, aunque nunca me decía de qué hablaban. Por la tarde dábamos pedales durante horas perdiéndonos por los montes con nuestras bicis, que imaginábamos que eran motos de carreras, cuando las piernas no podían más se quedaban tiesas como maderos, era la hora de parar y merendar, posiblemente el mejor invento de la humanidad, bocadillo de aceite con azúcar, eso era gloria bendita, nos cargaba las pilas dándonos fuerza para seguir pedaleando el resto de la tarde. Por la noche nos gustaba salir a las afueras del pueblo lejos de las luces para divisar bien las estrellas, nos tumbábamos en una gran roca mirando al cielo y las contábamos; cuando llegábamos más o menos a quinientas perdíamos la cuenta y teníamos que volver a empezar de nuevo, pensábamos que algún día seríamos los primeros en conseguir contar todas las estrellas del firmamento siendo mundialmente conocidos.

Pasaron los días, hasta que el verano estuvo a punto de llegar a su fin, en unas semanas comenzaría el último curso en la escuela, estaba deseando empezar y que pasara el año lo más rápido posible, al terminarlo podría dedicarme plenamente a disfrutar de mi pueblo y trabajar en casa con mis padres, sin tener que ir más a la escuela o hacer tareas, y entonces me di cuenta: ¡oh, no!, tareas, me había olvidado totalmente de leer el libro que me prestó don Leo, debía empezar a leerlo por lo menos para saber de qué iba y si me preguntaba salir del paso, así que esa noche saqué el libro de la mochila para darle un vistazo así por encima, comencé a leer y cuando me di cuenta ya había leído veinte páginas, estaba sorprendida, me estaba gustando muchísimo, era una sensación totalmente nueva para mí, nunca me imaginé que pudiera pasármelo tan bien leyendo.

Al día siguiente, cuando Tomás vino a buscarme por la mañana para ir al pantano, me quedé mirando el libro y quise resistirme porque estaba segura de que ese día alguno de los dos superaría el récord de longitud saltando con la bici, pero el libro me llamaba y las ganas de seguir leyendo me podían más. Le expliqué a Tomás que no iba a ir al pantano, me quedaría leyendo, o de lo contrario don Leo me clavaría su puntiagudo bigote. Tomás levanto las cejas confundido y dijo:

—Vale, pero hoy superare el récord. —Y se marchó.

Comencé a ir al río por las mañanas a leer el libro, era un lugar muy tranquilo antes de que las ranas empezaran su concierto, porque, si no, sería imposible concentrarse. Había unos chopos que querían ser tan altos como el campanario de la iglesia, me tumbaba en la tierra bajo su sombra rodeada de amapolas y pequeñas flores blancas. Comenzaba a leer y todo se detenía alrededor, incluso el aleteo de las abejas e insectos que zumbaban entre las flores, mientras más leía más me gustaba la sensación y el tiempo pasaba muy rápido hasta que escuchaba el silbido de mi padre y tenía que marcharme.

Por la tarde jugaba con Tomás, pero por las mañanas yo seguía leyendo en el río mientras él se iba al pantano. Estaba totalmente metida en la historia, me quedaban pocas páginas para terminar y ya estaba ansiosa por saber cómo terminaba el libro. Pensé que quizás debía haber empezado antes a leer, era una sensación magnifica que disparaba mi imaginación. El ruido del viento movía las ramas de los chopos que chocaban entre sí, las hojas acompañaban y bailaban haciendo una melodía que me hacía entrar en trance, me hipnotizaba, me transportaba dentro del libro.

De repente algo rompió mi viaje, el ruido de un coche viejo comenzó a molestar en la lejanía y mientras más se acercaba menos hojas chocaban en el árbol, hasta que tuve que dejar de leer porque me desconcentré por completo. Pude divisar a lo lejos aquel cacharro infernal con ruedas acercándose al pueblo por el camino que bajaba la montaña. Era un pequeño coche blanco, parecía antiguo y a punto de desmontarse, iba cargado con muchos bultos y maletas en la parte superior. Al perderse entre las casas se detuvo con un petardeo y una bola de humo se elevó por encima de los tejados. Semejante acontecimiento no pasaría desapercibido para la gente, daría de qué hablar durante los próximos días. ¿Quién había llegado al pueblo en semejante chatarra? ¿Y por qué iba tan cargado de bultos en la parte superior?

Dejé mi sanctasanctórum para otro momento y eché a correr devorada por la curiosidad, con tan mala suerte que no me percaté de un enorme pedrusco que sobresalía en el suelo, tropecé y comencé a rodar como una croqueta, *La historia interminable* salió disparada de mis manos y fue a parar directamente al río, hundiéndose rápidamente.

—¡Nooooo! —grité.

Reaccioné todo lo rápido que pude, olvidándome de las magulladuras en mis rodillas, me levanté y me lancé al agua para intentar rescatar el libro de las profundidades. Ya pensaba que era un pingüino buscando sardinas de lo fría que estaba el agua cuando por fin lo encontré y lo pude sacar a la superficie. ¡Qué desastre! A don Leo no le iba a gustar, estaba empapado, era un amasijo de papel blanco manchado de renglones negros desteñidos totalmente imposibles de entender. Había acabado con *La historia interminable*. Estaba en *shock*; ¿qué podía hacer? Y lo peor de todo: ¿cómo terminaba el libro? Nunca lo sabría.

De vuelta a casa, según avanzaba por las calles con la mirada al suelo, la gente ya estaba comentado en corrillos la noticia de aquel coche humeante. Poco pude escuchar porque cuchicheaban en voz baja, pero sus caras de asombro lo decían todo. Al girar una esquina hacia la plaza del pueblo, como iba mirando al suelo, no me percaté y ¡CATAPLUM!, choque de bruces con Tomás, que venía a todo correr como si le persiguiera una manada de lobos.

—¿Acaso no me ves?

—¡Tu cara del revés! —le contesté enojada—. Eres tú el que no ves.

—¿Cómo? ¿Mi cara dices? ¿Del golpe tengo la cara del revés? —Tocándose la cara con pánico.

—Podría ser.

—Corría a buscarte al río, ¿tú también has escuchado la noticia del coche que ha llegado al pueblo? —contestó mientras me ayudaba a levantarme.

—Pues claro, como para no oírlo, parecía un elefante en una cacharrería.

—¿Un elefante en una cacharrería? ¿Aquí? ¡Rápido, vamos a ver al elefante!

—Seguro que está muy elegante —le contesté entre carcajadas.

—¡Un momento! Aquí no hay ninguna cacharrería. —Al darse cuenta empezó a ponerse rojo como un tomate—. He vuelto a caer —contestó con resignación.

—¡Ja, ja, ja! —no podía parar de reír.

—Dicen que ha aparcado enfrente de la vieja tienda abandonada y de su interior se bajó una señora muy delgada y alta como una jirafa que comenzó rápidamente a meter dentro de la casa todos los bultos, cajas y maletas que llevaba en el coche. —Tomás seguía tocándose la cara para ver que todo estaba en su sitio—. Algunos dicen que los bultos eran muy pesados, pues aquella misteriosa mujer apenas podía moverlos.

—Creo que tenemos nueva vecina en el pueblo, seguro que en los próximos días nos enteraremos de quién se trata, pero ahora tengo que solucionar un gran problema. He tenido un accidente con el libro y necesito encontrar alguna solución.

—¡Oh, no! Pero ¿qué has hecho? ¿Te has dado un baño en el río con él?

—Más o menos.

—¿Por qué no le preguntas a tu madre? Seguro que te da alguna solución. Siempre tiene respuesta para todo.

—¡Qué buena idea, Tomas! Tienes razón, a lo mejor ella sabe cómo secar el libro y recuperarlo.

—¿Eso quiere decir que mañana vendrás al pantano mientras se seca el libro?

—Ya veremos qué pasa mañana.

—Pues mañana va a pasar que voy a superar el récord de salto con mi bici.

—Estoy convencida de ello.

Llegué a casa para contárselo a mi madre, que estaba en la cocina, y ver si podía solucionar semejante catástrofe.

—Hola, mamá, no te vas a creer lo que ha pasado…

—¿Has escuchado algo sobre la nueva vecina? —me interrumpió mientras sacaba una bandeja de perrunillas recién hechas del horno.

—Eh, no, pero yo te quería comentar que… —No podía dejar de mirar las perrunillas.

— Pues parece ser que viene para quedarse una temporada, con la intención de abrir un negocio.

—¿Un negocio? ¿Y qué puede ser? ¿Queman mucho? ¿Puedo coger una?

—Dicen que es una mujer un poco extraña. Sapato, la paciencia es la madre de todas las dolencias; espera un poco, te vas a quemar.

—Eh…, OK, mamá. —Cogí una perrunilla que pasaba de mano en mano como si fuera una gran bola de fuego, mientras soplaba—. Bueno, estaré en mi habitación, ya me contarás cuando sepas algo más. —Las perrunillas me hicieron olvidar por completo el amasijo de papel mojado que debía solucionar.

—Claro, cariño, te lo haré saber.

Al día siguiente con los primeros rayos de luz que pasaban por mi ventana vino Tomás a buscarme puntual como siempre. No me apetecía moverme de la cama, no sabía cómo iba a explicárselo a don Leo. Al rato, mi madre entró en la habitación con una bandeja de torrijas.

—Hola, cariño, tu amigo lleva en la puerta un buen rato, ¿no vas a salir a decirle nada?

—No puedo, mamá, tengo que solucionar un grave problema —le dije mientras comenzaba a babear sin apartar la mirada de aquellas torrijas, tan dulces y esponjosas.

—¿A qué problema te refieres? ¿Qué puede ser tan grave como para impedirte salir a jugar con Tomás?

—No puedo, este año no quiero ir a la escuela, don Leo me prestó un libro, me dijo que lo cuidara y yo lo he destrozado —le dije mientras le mostraba la enorme bola de papel arrugado en la que se había convertido el libro.

—Ah, pero eso no es ningún problema.

—¿Cómo que no es un problema?

—Puede haber una solución; ¿recuerdas la misteriosa vecina que vino ayer al pueblo? Esta mañana ha aparecido en la puerta un cartel donde se puede leer bien grande la palabra LIBRERÍA; quién sabe, a lo mejor tiene el libro que necesitas.

—¿Una librería aquí? ¿Cómo es posible? ¿Quién querría montar una librería en un sitio donde la gente prácticamente no sabe leer? —contesté sobresaltada.

—Sapato, aquí encerrada no puedes solucionar nada, ¿por qué no sales y buscas alguna solución? Hazlo y no dejes para una araña lo que puedas hacer hoy.

Una sonrisa de incredulidad se fijó en mi rostro mientras me imaginaba una posible solución, ¿tendrían algún ejemplar de *La historia interminable* en la librería? Quizás pudiera conseguirlo y enmendar mi error.

—Qué buena idea, mamá. —Estiré el brazo bocarriba y, sobre él, fui colocando en fila todas las torrijas que entraban, que aproximadamente eran unas ocho o nueve y como un malabarista salí en dirección a la librería con una nueva esperanza en mi mente.

Cuando llegué, ya me había comido todas las torrijas por el camino. A las puertas de la librería escuchaba muchos golpes del interior y el polvo salía por debajo de la puerta, eché un vistazo por una pequeña ventana, pero no pude ver nada de lo sucia que estaba, de repente los golpes cesaron y escuché una voz que me dijo:

—Si quieres entrar, niña, puedes pasar, pero deja de mirar como una cotilla por la ventanilla —retumbó una voz desde el interior.

Entré despacio, estaba muy oscuro, pero se podían distinguir varias estanterías vacías y al fondo un pequeño mostrador. Al llevar tanto tiempo cerrada la tienda olía un poco rancio, en el suelo había muchas cajas repletas de libros, mis ojos no daban crédito, ¡qué cantidad de libros! Era la primera vez en mi vida que veía tantos libros juntos. Me entraron unas ganas tremendas de empezar a leerlos todos. Detrás del mostrador había una puerta de donde salía una luz verdosa, comencé a andar hacia ella cuando tropecé con una de las cajas, un libro cayó al suelo y levantó una pequeña nube de polvo que fue directa a mi nariz. No lo pude evitar y comencé a estornudar, afuera comencé a escuchar a las gallinas y demás animales del pueblo que como siempre se alborotaban con mis estornudos. Una figura salió de entre las sombras y me dijo:

—Curioso estornudo; por lo que escucho, para algunos un suplicio. Sra. Sierra a su servicio. —Se presentó con una reverencia.

Era una señora muy delgada y estirada, casi tan alta que tenía que agachar la cabeza al pasar por las puertas. Vestía con una bata blanca como las de los médicos, usaba unas gafas muy finas que no conseguían esconder unos enormes ojos saltones que te miraban fijamente, su pelo en tensión recogido en una coleta hacía que las cejas se le levantaran casi hasta el cogote; dudo mucho de que alguna vez consiguiera cerrar los ojos del todo. Portaba en una mano un libro rojo del que sobresalían un montón de papeles con anotaciones.

—Hola, no quería molestarle, perdone si le he parecido una cotilla no era mi intención.

—No te preocupes niña; si me dices cómo te llamas, pues siempre trato por su nombre a las damas.

—Melisa, pero todos me llaman Sapato.

—Entonces te llamaré Sapato. Eres la primera persona del pueblo que entra a saludarme; como ves, aún me estoy instalando, perdona este desorden. Cuéntame, ¿en qué te puedo ayudar?

—Estaba buscando un libro.

—Pues estás en el lugar indicado, aunque todavía no está acabado, pues mira qué tinglado de cajas, libros y polvo tengo montado. Pero si me dices qué libro es, seguro que algo podemos hacer.

—Ya lo veo, no le robaré mucho tiempo. Me preguntaba si entre todos estos libros usted tendría un ejemplar de *La historia interminable*, es de vital importancia para mí.

—Bien, pues déjame ver, que en alguna de estas cajas puede que lo tenga. —Comenzó a mover cajas y después de un buen rato se centró en una caja y comenzó a sacar libros de todos los tamaños—. Sí, lo que me temía, sabía que lo tenía. —Y lo alzó sobre su mano.

No lo podía creer, vaya suerte, era exactamente igual, la misma edición con las mismas ilustraciones; era perfecto, justo lo que necesitaba, se lo daría a don Leo al comenzar las clases y ya no tendría de qué preocuparme.

—¡Es justo el que necesito, Sra. Sierra! ¡Muchas gracias! Me hace usted un gran favor. —Emocionada le arrebaté el libro de su mano y sin apartar la mirada de él comencé a andar hacia la puerta.

—De nada, pero…

—Que pase buen día, Sra. Sierra, y de nuevo gracias por todo —la interrumpí sin dejar de mirar el libro que al fin tenía entre mis manos.

—¡Espera, espera, no puedes marcharte de esa manera! —gritó la Sra. Sierra.

Me detuve en seco y giré lentamente la cabeza.

—¿Qué ocurre? —pregunté.

—Esto es una librería, aquí se venden libros, no se prestan y ni mucho menos se roban de las manos; ¿pensabas que te lo regalaría?

—¡Lo siento, perdóneme! Fue sin darme cuenta, estaba tan emocionada —le dije avergonzada—. Tiene usted toda la razón. Debo devolverle el libro. —Mientras dejaba el libro dentro de la caja de donde lo saco—. No tengo dinero para pagar; si me dice usted cuánto cuesta, iré a pedirle dinero a mi madre y se lo compraré.

—¿Pedir dinero a tu madre, dices? ¿Quién quiere este libro, tú o tu madre? Si tú lo quieres, tendrás que comprarlo con tu dinero. Se me ocurre algo que podemos hacer si este libro quieres tener. Te propongo un trato.

—¡Lo quiero, lo quiero! ¿Cuál es el trato? ¿Qué tengo que hacer?

—Necesito que alguien me ayude, tengo mucho que limpiar, colocar todos los libros y en fin hacer que este lugar sea una librería. Estoy trabajando en algo muy importante y estoy muy cerca de conseguir algo maravilloso. Podrías encargarte de la librería, se te ve una niña muy inteligente, seguro que sabes cómo hacer de este sitio un lugar mágico. Te pagaré muchas monedas y así podrás comprar *La historia interminable* con tu propio dinero.

—¡Me parece una idea fantástica! —contesté sin pensármelo.

—Solo hay una condición, no me molestarás mientras esté trabajando en la trastienda, y está prohibido entrar en ella, aunque escuches mucho ruido o no escuches nada y creas que me he dormido, nunca debes abrir esa puerta. Si lo haces, nuestro trato estará roto. ¿Qué me dices? ¿Te encargarás, pequeña Sapato, de la librería?

—Sra. Sierra, si es preciso trabajaré noche y día, pues nada me dará más alegría que trabajar en su gran librería —contesté mientras le ofrecía mi mano.

—Veo que nos vamos entendiendo, trabaja bien y el libro que tanto quieres te lo vendo. —Y con un gran apretón de manos cerramos el trato.

Así comencé a trabajar en la librería; primero quité todo el polvo que había, produciéndome grandes estornudos, la gente del pueblo no soportaba ya tanto jolgorio con los animales cada vez que estornudaba. Saqué todos los libros de las cajas y los fui clasificando: novelas de aventuras, ciencia ficción, románticas, de terror, ensayos científicos, poesía; quería leérmelos todos, nunca había tenido a mi alcance semejante surtido de libros. Mientras, la Sra. Sierra pasaba la mayor parte del tiempo en la trastienda, daba muchos golpes y a veces se veían por debajo de la puerta luces verdes y en otras ocasiones azules. Las pocas veces que salía siempre llevaba consigo el libro rojo, nunca se separaba de él, decía que necesitaba tomar el aire y desaparecía durante horas, cuando volvía entraba de nuevo en la trastienda y empezaba a trabajar de nuevo.

Tomás se asomaba todos los días por la ventana, pero yo le decía que no podía entrar con gestos. Estaba trabajando duro y hasta que la librería no estuviera en perfectas condiciones no podía pasar nadie. Así pasaron los días, fui colocando todos los libros, puliendo hasta el más mínimo detalle, hasta que, por fin, completé mi tarea y la librería estaba lista para su apertura al público. La Sra. Sierra quedó muy impresionada con mi trabajo, casi diría yo que sorprendida de que hubiera logrado ordenarlo todo en tan poco tiempo.

—Has hecho un gran trabajo, magnífico. Como te prometí en nuestro trato, aquí tienes tus monedas y acepta el libro como un regalo por mi parte, no hace falta que me lo compres.

—¡Muchas gracias! Al fin podré terminar de leerlo y saber cómo termina.

—Mañana abriremos la librería.

—¿Abriremos? ¿Yo también?

—Solo te pido un día más, estoy a punto de terminar. Te daré más monedas.

—De acuerdo —le contesté; al fin y al cabo, me gustaba estar rodeada de libros y, quién sabe, a lo mejor mi futuro no estaba en casa cuidando los animales, sería fantástico trabajar en la librería para siempre, así podría leerme todos los libros que hay.

Al día siguiente el rumor de la apertura ya se había extendido por todo el pueblo, afuera se escuchaba el murmullo de la gente que iba y venía. Se detenían frente a la ventana, daban un vistazo y seguían murmurando, pero nadie entraba a la librería. Después de un buen rato sin que nadie entrara pensé: ¿cómo podía la Sra. Sierra haber elegido este sitio? Seguro que en la ciudad funcionaba, pero aquí la mayoría de la gente no sabe leer y mucho menos comprar libros, empezaba a dudar si realmente trabajaría ahí el resto de mi vida. La puerta se abrió y entró nuestro primer cliente.

—Hola, ¿se puede pasar ya?

—Sí, Tomás, ya puedes pasar, cansino —le dije mientras sus mofletes comenzaban a ponerse colorados.

—¡Bienvenido, adelante, adelante! ¡Entra sin miedo alzando la frente, pues eres nuestro primer cliente! —dijo la Sra. Sierra, que salió a recibirlo con los brazos abiertos.

—Yo, la vedad, no quería comprar ningún libro —dijo Tomás mientras observaba hipnotizado la coleta tan apretada de la Sra. Sierra—. Solo venía a ver a mi amiga. —Y el rojo fuego inundó la totalidad de su cara.

—De acuerdo, muchacho, tranquilo, estás en tu casa —le contestó para calmarlo un poco—. Ahora tengo que salir y atender unos asuntos, cuida bien de la tienda, Sapato, volveré en un rato.

—Pero, Sra. Sierra, ¿y si alguien me pide algo y no se atenderle? ¡No puede dejarme sola el primer día! —le dije preocupada.

—Lo harás muy bien, confía en ti. —Salió de la tienda.

Allí nos quedamos los dos solos. El tiempo pasaba y nadie entraba, la Sra. Sierra llevaba ya un buen rato fuera y seguía sin aparecer, por lo menos un par de horas, y Tomás era la enésima vez que me decía que se aburría.

—Me aburro —dijo Tomas—. ¿Por qué no nos vamos al pantano un rato?

—No puedo, debo estar aquí, ¿quieres un libro para pasar el rato?

—No, paso de libros, ¿y si vemos lo que hay en la trastienda?

—¡No! No podemos entrar ahí.

—¿Por qué no? Solo un vistazo.

—¡Olvídalo! ¡Prohibido!

—Tú quédate esperando eternamente a que alguien del pueblo venga, pero yo voy a entrar.

Tomás salió corriendo y abrió la puerta de la trastienda, yo fui tras él y al tratar de impedírselo caímos los dos al interior de la habitación. Al levantar la vista la vimos. Una enorme máquina llena de complejos engranajes de metal, pequeñas luces verdes que parpadeaban muy rápido, unas palancas grandes que parecían muy pesadas, botones por todas partes, cables que se enredaban entre sí como espaguetis en un tenedor y un gran tubo que conectaba la máquina con lo que parecía una cabina de cristal. Nos quedamos anonadados, pensamos que aquella máquina era de otro mundo como si de una nave espacial se tratara.

—Pero ¡¿qué es eso?! ¡Qué tractor tan raro! —gritó Tomás totalmente pasmado.

—¡Da igual! Tenemos que salir de aquí, ¡vámonos! Está prohibido entrar en esta habitación.

Le levanté del suelo y salimos de la trastienda, muy enojada mandé a Tomás a freír espárragos y le grité muy enojada:

—¡Fuera de la librería! ¡No deberías haber entrado ahí! —De repente Tomás se puso rojo de nuevo, pero esta vez de rabia.

—¡Pues claro que me marcho! Este sitio es tan aburrido, con libros tan aburridos, con gente tan aburrida que prefiere estar aquí esperando sin hacer nada, en vez de ir al pantano. Nadie va a entrar en esta librería tan aburrida, aunque tenga un tractor de última generación tan aburrido escondido en la trastienda. —Y salió dando un portazo.

Tomás tenía razón, allí estaba yo en una librería vacía, la gente ni siquiera quería entrar a conocerla, y una misteriosa máquina en la parte de atrás de la tienda, donde nadie pudiera verla. ¿Quién sería realmente la Sra. Sierra? ¿Por qué ya no me creía nada de ella? ¿Tras su apretada coleta se escondería un ser de otro mundo? ¿Y para qué servía esa máquina que parecía tan compleja?

Seguía dándole vueltas en mi cabeza a todas las respuestas posibles a estas preguntas, mientras detrás del mostrador observaba la puerta de la trastienda una y otra vez. ¡Qué diablos!, pensé, llevaba aquí todo el día y la Sra. Sierra no aparecía, tenía mucha curiosidad de ver esa máquina otra vez y adivinar qué estaba pasando, así que entré. Una luz verde inundaba toda la habitación, todos los cables iban a parar al centro de la máquina, donde había una bandeja rectangular, como si hubiera que depositar algo en ella para que comenzara a funcionar, debajo de esta bandeja salía un tubo enorme que iba a parar a la cabina de cristal, que aproximadamente sería del tamaño de una persona.

—¿Qué está pasando aquí? —dijo tras de mí la Sra. Sierra.

—¡Lo siento, yo no quería! —reaccioné dando un brinco del susto—. Fue Tomás que… Entonces yo…, y como usted no venía…

—No te disculpes, teníamos un trato que has incumplido. Gracias por todo y ahora sal de mi librería.

—Pero yo…

—Adiós, Sapato.

Estaba abatida, había decepcionado a don Leo, a Tomás, a la Sra. Sierra, ¿qué más me podía salir mal? Estaba a punto de salir por la puerta cuando pensé: ¿qué estás haciendo, Sapato?, ¿por qué no afrontas la situación?, ¿irás, de nuevo, a encerrarte a tu casa y que tu madre te solucione tus problemas? Me di media vuelta y le dije:

—¡Un momento, Sra. Sierra! Si es que realmente se llama así, porque por supuesto librera no es, lo mismo es usted un ser de otro mundo o un robot, ¿es usted un robot? Si esconde esa máquina es porque nada bueno se trae entre manos con tanto misterio, siempre habla de una forma misteriosa, se mueve de forma misteriosa, me mira de forma misteriosa, tiene un libro rojo misterioso, su coleta es misteriosa. ¿Sabía usted que es muy misteriosa? ¿Qué le ha traído a este lugar? ¿Por qué una librería aquí? Será mejor marcharme y contarle a todo el mundo lo que está pasando, de esa manera querrán entrar a ver lo que esconde usted en vez de entrar a comprar un libro.

La Sra. Sierra se quedó de piedra frente a mí y tuve la sensación de que su coleta se tensaba mucho más haciendo que los ojos se le salieran de las órbitas.

—Tienes razón, Sapato, no he sido totalmente sincera contigo, soy una farsante. Te has esforzado mucho con la librería y te mereces una explicación. Ni soy un marciano, ni un robot, por muy raro que te parezca soy científica y no quiero que todos los estudios de mi vida caigan en las manos equivocadas, esta máquina cambiará el mundo y no puedo mostrarla todavía, por eso busqué un sitio aislado y tranquilo para poder seguir con mis investigaciones, en la ciudad hubiera sido totalmente imposible. Pensaba que podía confiar en ti y que no entrarías ahí dentro, pero me equivoqué, eres demasiado lista y observadora. Ahora que ya conoces mi secreto, te propongo un trato nuevo…

—¡Sí, claro, no me fío! Como para volver a hacer tratos con usted —la interrumpí.

—Este trato es el más sincero que haré en toda mi vida y el más importante de la tuya, ayúdame, estoy cerca de conseguir algo grandioso y te necesito para lograrlo. Necesito tiempo para alcanzar mi objetivo y este es el lugar perfecto.

—¡Ni hablar! Ya le he ayudado a abrir la librería, mi trabajo ha terminado. Sea lo que sea que hace usted con esa máquina, no es asunto mío. Tengo el libro que necesitaba, me marcho.

—*La historia interminable,* claro, si me dejas tu libro un segundo te mostraré algo alucinante.

—De acuerdo, se lo presto un segundo y después me marcharé —le contesté.

Depositó el libro en la bandeja de la máquina, pulsó un par de botones y bajó unas cuantas palancas, poco a poco el ruido fue aumentando, los engranajes comenzaron a dar vueltas a gran velocidad y de repente surgió un rayo de luz azulado que impactó en el libro, lo atravesó sin dañarlo y se dirigió por el gran tubo hacia la cabina de cristal. En su interior comenzaron a aparecer algunas formas que no conseguía ver con claridad, había paisajes y caras tras un humo de color verdoso en su interior. Efectivamente yo estaba alucinando.

—¿Pero esto qué es?

—Esto, pequeña, es el futuro, es una máquina capaz de abrir un portal directo al interior del libro que tú quieras, dentro de esa cabina está capturada toda la esencia del libro, si entras ahí entrarás a un mundo real, donde el libro formará parte de tu ser para siempre, absorberás toda la información en pocos segundos, pero si pasas dentro mucho tiempo tú pasarás a formar parte del libro. Al menos esa es la teoría, estoy muy cerca de conseguirlo, solo me queda un último paso.

—¿Y cuál es? —pregunté atónita.

—Entrar dentro de la cabina para comprobarlo.

Me acerqué ojiplática, un arrebato de curiosidad invadió mi ser: ¿y si era cierto?

—Debo tenerlo todo muy estudiado antes de dar ese último paso, porque puede ser muy peligroso.

—¿Peligroso, dices?

Había dicho la palabra que activaba en mi cerebro el modo Gerónimo. Sin pensarlo salí corriendo y entré en la cabina cerrando la puerta tras de mí, no lo pude evitar. La Sra. Sierra trató de impedírmelo, pero dentro ya no le escuchaba, mi mente se llenó al segundo con toda la información que tenía el libro, todo ocurrió en unos segundos hasta que la Sra. Sierra apagó la máquina y la cabina se abrió. Salí muy lentamente del interior como si me acabara de bajar de una montaña rusa.

—¿En qué estabas pensando? Podía haber sido muy peligroso. ¿Estás bien? —Me miró seriamente—. Eh…, cuéntame, cuéntame, ¿funciona?

—¿Que si funciona? —Paré un segundo para coger carrerilla, tomé aire y solté todo lo que había vivido—. Hablé con la Emperatriz Infantil en su Torre de Marfil, volé a lomos de Fújur, cabalgué con Atreyu en las llanuras de Fantasía, he conocido a sus gentes y sus mágicos lugares, efectivamente, ante mí se encontraba un mundo totalmente real, el libro ha cobrado vida dentro de mi mente. Y lo mejor de todo, ¡ya sé cómo acaba el libro!

—¡Eureka! —gritó la Sra. Sierra—. ¡Funciona, funciona! ¡Lo conseguí! —gritaba dando vueltas como loca por toda la habitación.

—¿Y ahora qué vas a hacer con esta máquina?

—Nada.

—¿Cómo que nada?

—Sí, nada, he creado una máquina que cambiará el mundo, lo he logrado —dijo cogiendo su misterioso libro rojo y depositándolo en la bandeja.

—Pero... no lo entiendo, esta máquina es asombrosa y como usted dice puede cambiar el mundo. Y… ¿qué está haciendo con ese libro?

—Así es, pero ese ya no es mi objetivo, pero si quieres puede ser el tuyo —me dijo mientras comenzaba a tocar botones.

—¿Mi objetivo? ¿Qué quiere decir?

— Llevo toda mi vida dedicada a esta máquina, ahora necesito descansar y hacer otras cosas, otros proyectos, tú sabrás qué hacer con esta máquina.

—¿Cómo? Yo no soy científica, no sabría qué hacer.

—Sí lo sabes, mira alrededor. ¿Qué es lo que más te gusta?

—No sabría qué decir… ¿Las torrijas de mi madre?

—Leer, Sapato, leer es lo que más te gusta, y estás en una librería con una máquina que te permite vivir en primera persona cualquier conocimiento que esté en los libros. Has levantado esta librería con tu esfuerzo, ahora es tuya, yo ya no la necesito. Así que ¿qué vas a hacer? —me dijo mientras bajaba las palancas.

—¿Qué voy a hacer? ¿Qué va a hacer usted con ese libro?

—Me marcho, aquí ya he terminado. Dentro de este libro está toda la investigación de mi vida, mis teorías, el funcionamiento de la máquina, todo está aquí, ahora viviré dentro de este libro para siempre y todo esto será tuyo, estoy segura de que harás lo correcto y siempre que quieras puedes venir a consultarme cualquier cosa. —Se metió dentro de la cabina, el humo no me dejaba ver lo que sucedía en el interior, pero al pasar un rato y desvanecerse, la Sra. Sierra había desaparecido. Ahora ya formaba parte de su libro rojo para siempre.

Me encontraba tan perdida como un pulpo en un garaje, no sabía por dónde empezar, ¿o quizás sí? Si quería saber cómo funcionaba la máquina, lo primero que tenía que hacer era leer el libro rojo; al principio no fue fácil, pensé que estaba leyendo chino, no entendía nada, pero poco a poco las anotaciones de la Sra. Sierra fueron tomando sentido para mí, eche un vistazo entre sus papeles sueltos y en ellos encontré la secuencia para activar la máquina de forma segura y no quedarme atrapada dentro del libro, me llevó horas, pero la verdad es que estaba todo muy bien explicado. Toqué un par de botones y al bajar la palanca el rayo cayó sobre el libro y el humo verdoso apareció de nuevo en la cabina. Estaba lista para entrar y tomar el relevo de la Sra. Sierra.

—Bueno, pues vamos a ello… —Y entré en la cabina.

Al inhalar el humo, la Sr. Sierra pasó a mi cabeza, ella misma me contó el funcionamiento de la máquina con más detalle y todas sus posibilidades, todo conocimiento y datos escritos en aquel libro rojo formaron parte de mí. Salí de la cabina siendo una persona diferente, un abanico de posibilidades se abría frente a mis ojos. Hice una selección de libros que quería utilizar con la máquina y uno tras otro aprendí de todos ellos en la cabina. Cuando llevaba apenas un par de horas, ya había utilizado la mitad de la librería; mientras más libros conocía, más claro tenía mi objetivo. Tenía que empezar por el principio, paso a paso, y si quería cambiar el mundo, empezaría por mi pueblo.

Al primero que enseñé la máquina fue a mi padre, nunca había ido a la escuela y no sabía leer ni escribir, pero era un experto en su trabajo que aprendió desde bien pequeño. Cuando mi padre entró en la librería y vio la maquina se quedó petrificado. Le expliqué que podría conocer a los inventores más famosos de toda la historia para que le ayudaran en su trabajo con los animales. Él seguía como una estatua mirando la máquina sin decir ni una palabra, así qué le introduje en la cabina y ni se enteró. Comencé a poner libros en la máquina, Leonardo da Vinci, Nikola Tesla, Thomas Edison y muchos más, dejaría de ser tan borrico para convertirse en el mejor inventor de los todos los tiempos, rayo tras rayo todos los libros fueron creando el humo verdoso y mi padre dentro de la cabina me gritaba que quería aprender más libros, así que por lo menos le puse seis o siete; al terminar salió de la cabina y me dijo:

—Muchas gracias, hija, he conocido a gente increíble que me ha enseñado muchísimo; esta máquina es un milagro. —Se levantó la camiseta y se sacó la pelotilla de pelusa del ombligo, deshaciéndose de ella.

—Cuánto me alegro, papá.

—Ahora tengo tantas ideas en la cabeza que me va a estallar, necesito un ayudante que entienda a los animales como yo para empezar cuanto antes.

—Pero ahora tengo que seguir trabajando en la máquina, no puedo ser tu ayudante, me quedan muchos libros por descubrir, no tengo tiempo —le contesté.

—No me refiero a ti, Sapato —me contestó con la mirada perdida en la nada y salió corriendo por la puerta.

—¿¡Entonces quién!? —le grité.

Al poco rato se presentó en la librería con Federico.

—¡Pero, papá! ¿Cómo se te ocurre entrar aquí con Federico?

—Tranquila, cariño, sé lo que me hago. Él conoce a los animales mejor que yo y podrá ayudarme. Tú prepara la máquina con los mismos libros que me has puesto a mí mientras yo meto al burro en la cabina.

—¡El burro en la cabina! —Algo había salido mal, mi padre estaba majareta—. No puedes meter al burro ahí dentro, ¡¿de dónde has sacado semejante idea?!

—Gauss y las matemáticas harán que Federico entre en la cabina.

Y no sé cómo, poco a poco fue colocando al burro, una pata por aquí, la otra torcida para allá, la cabeza girada para otro lado y las orejas pegadas al morro, nunca había visto los ojos de Federico tan abiertos, rebuznaba en el interior de la cabina hasta que mi padre consiguió cerrar la puerta.

—Ahora te toca a ti —me dijo mi padre.

—De acuerdo, todo sea por la ciencia.

Y puse la máquina a trabajar, Federico dejó de rebuznar y paró en seco, puse exactamente todos los libros que me dijo mi padre. Cuando terminamos, la puerta se abrió y, sin nuestra ayuda, Federico salió muy lentamente del interior, me miró a mí, miró a mi padre y dijo:

—¡Cuándo empezamos!

Casi me da un telele, nunca vi a un burro volando, pero sí puedo decir que vi a un burro hablando, no callaba, hablaba y hablaba y no se callaba, cogía carrerilla hasta quedarse sin aire, rebuznaba y seguía hablando con mi padre. De inmediato los dos se pusieron manos a la obra, tuvieron conversaciones eternas que solo entendían ellos dos. Cuando Federico dejaba de hablar se ponía unos cascos en sus enormes orejas y escuchaba música a todo volumen, moviendo su enorme pandero y su rabo al ritmo de la música.

Mi padre y Federico crearon artilugios e inventos nunca vistos para la comodidad de todos los animales, gallineros inteligentes que daban masajes a las gallinas, tenían temperatura regulada para que no pasaran calor o hubiera mucha humedad consiguiendo una producción tanto en cantidad como en calidad de huevos gigantescos nunca vista en el pueblo, para los cerdos crearon baños de barro y *spa* con altavoces por todas las granjas del pueblo por donde sonaba música relajante. A las vacas les pusieron zonas acolchadas donde pudieran descansar placenteramente y cambiaron su alimentación de tal manera que al ordeñarlas unas vacas daban café con leche y otras daban leche con cacao, a las ovejas sesiones de peluquería para tener una lana suave y perfumada y así con todos los animales desde el más grande al más pequeño; cada uno de ellos era especial, se centraban en uno para mejorar su calidad de vida y cuando lo conseguían pasaban al siguiente. Era la simbiosis perfecta entre el ser humano y los animales, juntos crearon cosas maravillosas, conviviendo y trabajando los unos para los otros.

Mi madre alucinaba pepinillos viendo a mi padre crear tanta cantidad de cosas con la ayuda de Federico, así que pensé que para que entendiera lo que estaba pasando, ella sería la siguiente en utilizar la máquina.

Seleccioné un montón de libros, no solo de cocina, que eran los que más le iban a gustar, sino también de ciencia, matemáticas, medicina y filosofía, porque mi madre merecía saber esas cosas, pero el libro que más disfrutó dentro de la cabina fue uno que contenía refranes y proverbios.

Salió de la cabina y dijo el primer refrán sin equivocarse en una sola palabra.

—Nunca es tarde si la dicha es buena —dijo con una sonrisa de oreja a oreja.

Empezó a combinar todos los conocimientos recién adquiridos, un poco de ciencia con un poco de harina, una pizca de matemáticas con una pizca de sal, se moldea con filosofía y listo, había creado comida capaz de influir directamente en el cuerpo y la mente de las personas; si alguien estaba triste, cocinaba unos pestiños que te alegraban solo con olerlos; si alguien sufría un accidente, hacía unas migas capaces de soldar huesos fracturados. La gente del pueblo comenzó a concentrarse frente a mi casa al reclamo de los olores y sabores sanadores que procedían de la cocina de mi madre, todo el pueblo pasó a tener una salud de hierro, incluso rejuveneciendo sus cuerpos, haciéndolos más sanos y fuertes. Al tiempo, cocineros de reconocido prestigio llegaban para probar los platos y aprender de mi madre, disfrutaban no solo de la comida, sino también de los refranes que añadían un plus al aprendizaje.

La librería comenzó entonces a estar a pleno rendimiento, los vecinos venían a contarme sus sueños o qué les gustaría aprender, yo seleccionaba los libros necesarios y los metía en la cabina. Unos combinaron la ciencia y las fases lunares para cultivar verduras y hortalizas gigantes, tomates como balones, las zanahorias parecían arbustos, las calabazas eran enormes como carrozas de cuentos de hadas y los guisantes parecían canicas. Otros, gracias a las matemáticas y la economía, gestionaron la producción y distribución de los productos consiguiendo para todos ellos la denominación de origen muy apreciada en el resto del mundo y haciendo que el pueblo prosperara.

Con los años, todo aquel que entraba en la librería salía con ganas de cambiar el mundo. Mi pueblo pasó a ser la cuna del conocimiento, la vida tal y como la conocíamos cambió por completo, gente desde muy lejos venía para aprender de todos nuestros avances y muchos de ellos traían sus propios libros bajo el brazo y ya no entraban en la librería, así que tuvimos que ampliar construyendo un gran edificio que pasó a ser la biblioteca más grande que jamás haya existido en la tierra, más grande incluso que la biblioteca de Alejandría, enormes pasillos sin fin repletos de estanterías con libros en todos los idiomas traídos desde todas las partes del mundo.

Manejaba tal cantidad de información, tanta gente esperaba que le ayudara, todos los días recibía a cientos de personas que me pedían toda clase de libros, uno tras otro iba pasando por la máquina, así que tuve que pedirle ayuda a Federico. Trabajábamos todos los días sin parar, nunca caíamos enfermos ni sufríamos de agotamiento y el paso de los años no parecía afectarnos gracias a la comida de mi madre, que con su sabiduría y don culinario nos hacía afrontar un nuevo día con energía.

El conocimiento se fue extendiendo por todo el mundo, cambiando la vida de millones de personas, lo que antes eran utopías se hizo realidad; la guerra, el hambre, el dolor, todo lo malo pasó a mejor vida. Estuve muchos años trabajando sin descanso, mejorando la máquina y utilizándola con todos los libros que llegaron a mí.

Un día don Leo vino a visitarme, casi ni le conocía, se ayudaba de un bastón para caminar y apenas quedaba ya nada del fabuloso bigote que portaba en sus años de juventud.

—Vaya, Sapato, cuando te dije que el libro te cambiaría la vida nunca me imaginé que fuera de esta manera.

—Gracias, don Leo; si no fuera por su libro, esto nunca hubiera ocurrido. Lamentablemente nunca pude devolverle el original, pero en la biblioteca habrá alguna copia como el que me prestó, o si lo prefiere puede entrar en la cabina y vivirlo en primera persona.

—No, gracias, todavía tengo el recuerdo de la primera vez que me leí aquel libro, fue tan emocionante que prefiero mantenerlo así. Pero no estoy aquí por eso.

—Si quiere cualquier otro libro, Federico puede buscarlo en un segundo.

—No he venido para utilizar tu máquina. Algunos preferimos dejar trabajar nuestra imaginación y aprender de los libros.

—¿Pero por qué dice eso? Con esta máquina, todo es más rápido y perfecto.

—Bueno, todo no es perfecto, entiendo que todos estos años te has centrado en la máquina y todas sus posibilidades y no te lo reprocho, has hecho un trabajo magnífico, se han conseguido grandes avances en el planeta, pero quizás no te has percatado de las consecuencias.

—Todas las consecuencias son positivas, hemos cambiado el mundo.

—Sapato, no sé si lo sabes, pero las escuelas y universidades desaparecieron hace años, la gente ya no se esfuerza en aprender, prefiere venir aquí, entrar en una cabina y salir a cambiar el mundo como tú dices, pero se ha perdido el proceso de dedicación, esfuerzo y recompensa, y con el tiempo la gente estará vacía por dentro, sin ninguna motivación.

—Si eso ocurre, aquí tenemos las respuestas para solucionarlo, la gente tiene toda la vida por delante para cumplir sus sueños.

—La gente tiene toda la vida para vivirla, no para que la vivan por ellos, tiene que avanzar, equivocarse, caerse y volverse a levantar para avanzar de nuevo. Hay gente que cuando se cae es incapaz de levantarse sola; si no me crees, pregúntaselo a Tomás.

—¡Tomás! —grité llevándome las manos a la cabeza, no había vuelto a saber nada de él, desde que le eché de la librería hace años, me había olvidado por completo con tanto trabajo.

Un escalofrío recorrió todo mi cuerpo y me dejó paralizada. ¿Cómo pude haberme olvidado de él durante tanto tiempo? Pero no podía parar la maquina ahora, había mucha gente esperando utilizarla.

—Esta es una lección que no encontrarás aquí, ningún libro te enseñará qué hacer, solo tú debes aprender por ti misma de tus errores. Seguro que ya sabes dónde encontrarle. ¿No crees que deberías hacerle una visita?

Dejé a Federico al mando, sería por poco tiempo y después de tantos años él también sabía utilizar la máquina. Camino a casa de Tomás, me percaté de cómo había cambiado mi pueblo todos estos años, de ser un lugar tranquilo, siempre había gente por las calles, se habían abierto comercios de todo tipo, hoteles, restaurantes, tiendas de ropa, había pasado a ser como una pequeña ciudad repleta de inventos y tecnologías al alcance de todos. Al llegar a la casa de Tomás me sorprendí, no había pasado el tiempo por ella, estaba tal y como la recordaba excepto por un detalle, estaba totalmente rodeada de ranas que campaban a sus anchas tranquilamente por cualquier rincón. Llamé a la puerta, pero nadie contestó, insistí y se encendió una luz tras la ventana.

—Tomás, ¿estás ahí dentro?

—¡No! ¡Seas quien seas, largo de aquí! —contestó una voz cansada al otro lado de la puerta.

—Doscientos sextillones.

—¿Lo qué?

—Hay aproximadamente doscientos sextillones de estrellas en el firmamento.

La puerta se abrió lentamente.

—¿Cómo lo sabes? ¿Las has contado todas?

—Bueno, no exactamente, lo aprendí de un libro de astronomía.

—¿Sapato? ¿Eres tú de verdad?

La puerta se abrió del todo y comenzaron a salir un montón de ranas, Tomás salió y sin darnos cuenta nos fundimos en un fuerte abrazo. Mi cuerpo se relajó como si hubiera estado todos estos años en tensión, ahora estaba en paz y en mi mente sonaban las hojas de los chopos movidas por el viento. Al alejarnos el uno del otro para ver nuestras caras después de tanto tiempo, algo no fue bien, su cara era casi la de un anciano, de aspecto desaliñado y de pelo canoso, mirada triste y sonrisa floja, era por lo menos treinta años mayor que yo.

—¡Pero qué te ha pasado, Tomás! —le dije mirando a las ranas que brincaban a su alrededor.

—Bueno, el tiempo no perdona, yo no disfruto de los manjares de tu madre para curar mis dolencias, ni tampoco de inventos que me hagan la vida más fácil o una piel más joven.

—¿Por qué nunca viniste a verme a la biblioteca?

—He disfrutado viendo en la distancia cómo cumplías tus sueños y hacías grandes cosas, no solo para el pueblo, sino para todo el mundo. No quería molestarte y distraerte de tus deberes. Pero tranquila, he estado cuidando de todo mientras tú estabas ocupada. La rampa del pantano está en perfecto estado.

—¿Has estado solo todo este tiempo?

—Estoy bien, las ranas me hacen compañía.

—Déjame enmendar mi error, déjame ayudarte.

—No sabría cómo, estoy bien, en serio.

—Haremos una visita a mi madre, ella te dará algo de comer que te ayudará.

—¡Ni hablar! No has entendido nada de lo que te he dicho. He vivido la vida como yo he querido, no me arrepiento de nada.

—Sí, lo he entendido perfectamente, por eso quiero ayudarte en lo que pueda, tengo en mi biblioteca algunos libros sobre ranas que podrían gustarte. ¿Por qué no vienes a echarles un vistazo?

—¿Ranas, dices? La verdad es que si hubiera un libro para comprender lo que dicen sería fantástico, porque cuando se ponen a hablar todas a la vez no hay quien las entienda.

—Algo encontraremos, por lo menos déjame intentarlo.

—De acuerdo.

Recordamos viejas anécdotas de la infancia mientras caminábamos por las calles del pueblo. Detrás de nosotros, todas las ranas que daban saltos seguían a Tomás, que andaba muy despacio. Me lo estaba pasando tan bien que realmente no quería volver a entrar en la biblioteca, pero tenía que hacer algo por Tomás, se lo debía. Cuando llegamos, una marabunta de gente se agolpaba sobre las puertas.

—¡El burro! ¡El burro! —gritaba la gente.

Solo me hizo falta escuchar esa palabra para echar a correr pensando que algo no marchaba bien con Federico; tras de mí escuché a Tomás llamándome, pero mi cabeza estaba concentrada en lo que estaba viendo frente a mí. Fui apartando gente y como pude entré en la biblioteca, dentro la gente corría de un lado para otro, se escuchaban pequeñas explosiones; cuando llegué a la máquina casi sin aliento, el humo estaba por todas partes, las piezas rotas esparcidas por el suelo y Federico fuera de sí, mordisqueando los cables y dando coces a diestro y siniestro.

—¡Federico, quieto! ¿Qué estás haciendo? Estas destrozando la máquina.

—¡Uuuu, aahh, uuu! —respondió con un gran rebuzno.

—¿Te has vuelto loco, Federico? ¡Para de una vez!

Y de una gran coz reventó la cabina de cristal, que estalló en mil pedazos.

Federico había vuelto a ser como antes, un burro como cualquier otro, se había esfumado cualquier indicio de inteligencia, ¿pero entonces los efectos de la máquina se acabarían con el tiempo? ¿Todo aquel que ha utilizado la máquina olvidaría lo que había aprendido? ¿Qué iba a ser del mundo sin la máquina?

Corrí a detenerlo, me abalancé sobre su lomo e intenté morderle una oreja como en los viejos tiempos hacía mi padre, pero una gran explosión hizo que ambos saliéramos disparados por el aire y cayéramos al suelo. Mi mente se fundió a negro y se hizo el silencio muy lentamente.

Las campanas de la iglesia comenzaron a sonar muy a lo lejos, empecé a desperezarme mientras abría los ojos. Me encontraba en mi habitación sobre la cama y a mi alrededor se encontraba mi madre, mi padre y Tomás, pero el tiempo no había pasado por ellos.

—¡La máquina! —grité dando un brinco—. ¡Necesito arreglar la máquina!

—¿A qué máquina te refieres? —dijo mi madre.

—¿Ha explotado la máquina? Debo arreglar la máquina, esto es una desgracia. ¿Dónde está Federico?

—En el establo, ¿dónde va a estar si no? —dijo mi padre.

—Ha perdido la cabeza del golpe —dijo Tomás entre risas.

—Dirás de la explosión, ¿no la habéis escuchado? ¿Por qué estáis más jóvenes?

Mi madre se sentó al borde de mi cama, cogió mis manos, se acercó y me dijo:

—Sapato, te diste un golpe muy fuerte en la cabeza, Tomás te encontró inconsciente en el río, nos avisó y te hemos traído a casa. Acabas de recobrar el conocimiento y estás gritando algo de una máquina y Federico que no entendemos. Tú no te preocupes, que ahora mismo te preparo unas torrijas.

—Un golpe… en el río… el libro.

—No te preocupes, Sapato, recogí tu libro, aquí lo tienes —dijo Tomás entregándome el libro.

—Mira qué majo es, si quien tiene un amigo tiene un meteoro —dijo mi madre mirando a Tomás.

No me lo podía creer, estaba en perfecto estado, las páginas estaban perfectas, ni una sola arruga o doblez en el papel, ni rastro de papel mojado. Estaba tal y como el maestro don Leo me lo había entregado.

—¿Pero la Sra. Sierra vino al pueblo en su viejo coche? Yo lo vi desde el río.

—¿La Sra. Sierra? ¿Quién es esa? Definitivamente ha perdido la cabeza —dijo Tomás.

—¿En un viejo coche, dices? ¿No te referirás a un coche blanco que pasó esta mañana por el pueblo y echaba mucho humo? —dijo mi madre.

—¡Sé! ¡Ese, ese! La Sra. Sierra, que ha montado una librería.

—No sé quién es esa tal señora, el coche que viste era de un paisano que estaba de paso y tuvo un problema con el motor, algunos muchachos del pueblo arreglaron la avería y siguió su camino —dijo mi padre.

Entonces todo lo que había conseguido, la gente a la que había ayudado, todos esos avances durante tanto tiempo, la Sra. Sierra y su máquina, Federico y su verborrea, nada había sido real. Buscando en mi interior me di cuenta de que realmente no conocía el funcionamiento de ninguna máquina y mirando el libro no sabía cómo terminaba, me temía lo peor. Necesitaba la confirmación de lo que estaba pasando, y solo una cosa podía dármela.

—Papá, ¿te puedo hacer una pregunta?

—Claro, hija, dime.

—¿Sigues teniendo una pelotilla gigante de pelusillas en el ombligo?

—Déjame ver…, pues sí, efectivamente y bien grande que es. Ya decía yo que hoy hacía mucho calor.

Había estado soñando que leía tantos libros diferentes, con esa gran cantidad de conocimientos me sentía capaz de conseguir cualquier cosa que me propusiera. Haber ayudado a mis padres, a la gente del pueblo y haber cambiado el mundo era una sensación que no podía olvidar, nada era tan satisfactorio como hacer que se cumplieran los sueños de la gente.

El verano llegaba a su fin, pasó muy rápido, pero aproveché todo el tiempo que pude jugando con Tomás, que finalmente batió el récord de salto en el pantano. Terminé de leer el libro y me dio pena que terminara, quería más historias interminables que llenaran mi vida. Cuando comenzó el nuevo curso fui a devolverle el libro a don Leo.

—Vengo a devolverle el libro, don Leo.

—Ah, sí, *La historia interminable*, ¿te ha gustado?, ¿has disfrutado?

—Pues la verdad, si yo le contara no me creería, pero creo que me ha enseñado mucho más de lo que yo esperaba, ¿puedo hacerle una pregunta?

—Pues claro.

—¿Cuántos libros habrá en el mundo?

—Tantos como quieras leer —dijo don Leo.

—Pues entonces ahora sé lo que tengo que hacer.

—¿Ah, sí? ¿Qué tienes que hacer?

—De momento terminaré la escuela sin que me distraiga ni una mosca, luego buscaré por todo el mundo libros para leer. —Salí corriendo en dirección a mi clase.

Algo había cambiado en mí, tenía una visión nueva de la vida. Quizás no existiera ninguna máquina que te ayudara a aprenderte un libro en unos segundos, pero lo que sí que existían eran los libros y el mundo estaba lleno de ellos esperando a que alguien los leyera y ese sería mi propósito el resto de mi vida. Aquel último curso en la escuela sería muy importante, en clase ya no hacía caso de las moscas, ahora me interesaban más las clases de don Leo, que cuando podía me traía algún libro de la ciudad que yo devoraba en poco tiempo.

Al final fui yo la que se marchó a la ciudad en busca de más libros y acabé en la universidad, estuve estudiando muchos años y no inventé una máquina para hacer realidad los libros como la Sra. Sierra, pero desde entonces gracias a mi doctorado ayudo con las últimas tecnologías e innovaciones no solo a mi pueblo, sino a muchos pueblos para mejorar sus métodos de producción.

A estas zonas rurales se las conoce como la España vaciada, pero realmente están llenas. Llenas de vida en sus campos y paisajes, en sus animales. Llenas de recuerdos en lugares mágicos, de olor a tierra mojada, a romero, de olor a pino y a encina. Llenas de recetas tradicionales con productos naturales. Llenas de gente con sueños e ilusiones, de maestros de la vida que resisten agarrándose a sus raíces. Si todos ayudamos podemos ofrecer la posibilidad de que sigan trabajando en la tierra donde nacieron junto a los suyos, sin que se vean obligados a tener que abandonarla para buscar un futuro mejor lejos de su hogar. Y, quién sabe, a lo mejor algún día los burros hablen, entendamos a las ranas o contemos todas las estrellas del universo, lo que es seguro es que el mundo puede ser un lugar mágico si cuidamos lo que más amamos.